Vamos Trabalhar
Caderno de Atividades

Eliana Almeida e Aninha Abreu

Volume Inicial **3** anos
Educação Infantil

- Linguagem
- Matemática
- Natureza
- Sociedade

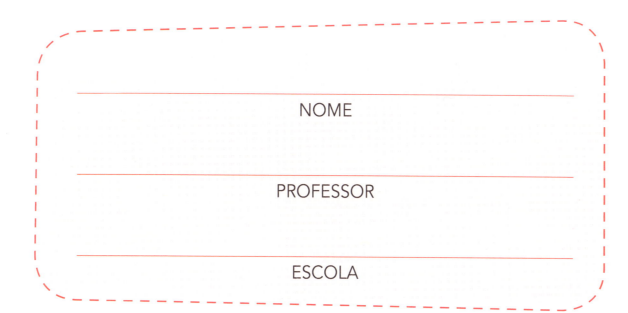

NOME

PROFESSOR

ESCOLA

Editora do Brasil

Dados Internacionais de Catalogação na Publicação (CIP)
(Câmara Brasileira do Livro, SP, Brasil)

Almeida, Eliana
Vamos trabalhar: caderno de atividades: volume inicial: 3 anos : educação infantil / Eliana Almeida, Aninha Abreu. – São Paulo: Editora do Brasil, 2019. – (Coleção vamos trabalhar)

ISBN 978-85-10-07794-1 (aluno)
ISBN 978-85-10-07795-8 (professor)

1. Educação infantil I. Abreu, Aninha. II. Título III. Série.

19-28833   CDD-372.21

Índices para catálogo sistemático:
1. Educação infantil 372.21
Iolanda Rodrigues Biode - Bibliotecária - CRB-8/10014

2ª edição / 6ª impressão, 2024
Impresso na PifferPrint

Avenida das Nações Unidas, 12901
Torre Oeste, 20º andar
São Paulo, SP – CEP: 04578-910
Fone: +55 11 3226-0211
www.editoradobrasil.com.br

> Dedicamos esse volume com todo amor e saudade a nossa irmã e professora, Ediaurea Almeida Evangelista (*in memoriam*), hoje uma estrela que brilha e ilumina o céu.
>
> Eliana e Aninha

© Editora do Brasil S.A., 2019
Todos os direitos reservados

Direção-geral: Vicente Tortamano Avanso

Direção editorial: Felipe Ramos Poletti
Gerência editorial: Erika Caldin
Supervisão de arte e editoração: Cida Alves
Supervisão de revisão: Dora Helena Feres
Supervisão de iconografia: Léo Burgos
Supervisão de digital: Ethel Shuña Queiroz
Supervisão de controle de processos editoriais: Roseli Said
Supervisão de direitos autorais: Marilisa Bertolone Mendes

Supervisão editorial: Carla Felix Lopes
Edição: Monika Kratzer
Assistência editorial: Ana Okada e Beatriz Pineiro Villanueva
Auxílio editorial: Marcos Vasconcelos
Copidesque: Gisélia Costa, Ricardo Liberal e Sylmara Beletti
Revisão: Fernanda Prado, Flávia Gonçalves, Gabriel Ornelas, Marina Moura, Martin Gonçalves e Mônica Reis
Pesquisa iconográfica: Elena Molinari
Assistência de arte: Josiane Batista
Design gráfico: Talita Lima
Capa: Talita Lima
Imagem de capa: Rodrigo Alves
Ilustrações: André Valle, Bruna Ishihara, Danillo Souza, Eduardo Belmiro, Hélio Senatore, Jorge Zaiba e Marcos Machado
Coordenação de editoração eletrônica: Abdonildo José de Lima Santos
Editoração eletrônica: Viviane Yonamine
Licenciamentos de textos: Cinthya Utiyama, Jennifer Xavier, Paula Harue Tozaki e Renata Garbellini
Controle de processos editoriais: Bruna Alves, Carlos Nunes e Stephanie Paparella

Apresentação

Querida criança,

Você acaba de receber um lindo presente!

Com seu exemplar da coleção **Vamos Trabalhar – Caderno de Atividades**, você se divertirá e aprenderá muito!

Este livro está repleto de exercícios e brincadeiras nos quais você vivenciará experiências, leituras, histórias, músicas, cantigas, parlendas, adivinhas, situações-problema e muito mais. Essas atividades foram elaboradas com muito carinho e alegria, pensando em seu desenvolvimento integral, além de respeito a seu direito de viver a infância.

Vamos embarcar juntos nesta divertida aventura que é aprender?

Você, criança, é cidadã e produtora de cultura. Então, abra seu Caderno de Atividades e comece agora mesmo a construir sua história: escreva, leia, cante, recite, desenhe, pinte, recorte, cole, crie, reflita.

Um abraço carinhoso!

As autoras

As autoras

Eliana Almeida

- Licenciada em Artes Práticas
- Psicopedagoga clínica e institucional
- Especialista em Fonoaudiologia (área de concentração em Linguagem)
- Pós-graduada em Metodologia do Ensino da Língua Portuguesa e Literatura Brasileira
- Psicanalista clínica e terapeuta holística
- *Master practitioner* em Programação Neurolinguística
- Aplicadora do Programa de Enriquecimento Instrumental do professor Reuven Feuerstein
- Educadora e consultora pedagógica na rede particular de ensino
- Autora de vários livros didáticos

Aninha Abreu

- Licenciada em Pedagogia
- Psicopedagoga clínica e institucional
- Especialista em Educação Infantil e Educação Especial
- Gestora de instituições educacionais do Ensino Fundamental e do Ensino Médio
- Educadora e consultora pedagógica na rede particular de ensino
- Autora de vários livros didáticos

Sumário

🟨 Linguagem

Coordenação motora 7, 8, 10, 25, 37, 40, 53

Recorte 13, 27, 35

Discriminação visual 17, 18, 26, 38, 45, 46, 53, 54

Figura-fundo 20, 48

Vogais

A 9, 11, 15, 16, 18
E 19, 21, 23, 24, 26
I 29, 31, 33, 34, 38
O 39, 41, 43, 44, 46
U 47, 49, 51, 52, 54

Gêneros textuais

Músicas 15, 23, 30, 33, 51
Adivinha 43

Cores

Amarelo 11, 13, 37
Vermelho 21, 27
Azul 31, 35
Verde 30, 41, 49

🟦 Matemática

Numerais de 1 a 5 .... 55 a 102

Cores primárias

Vermelho 56, 57, 72
Amarelo 62, 63, 66, 82
Azul 70, 71, 72

Geometria

Círculo 56, 65
Triângulo 58, 62
Quadrado 70, 74

Formas

Semelhanças e diferenças 75, 77, 96

Capacidade

Cheio/vazio 60

Grandezas

Maior/menor 64
Curto/comprido 66
Mais alto/mais baixo 78
Grosso/fino 86
Estreito/largo 89

Posição
Dentro/fora 72
Primeiro/último 82
Em cima/embaixo 94

Cores secundárias
Verde 80, 81, 82, 86
Laranja 92, 93
Discriminação visual 85

Noção de tempo
Aconteceu primeiro/
aconteceu depois......................... 99

Natureza
Você 103, 104
Corpo humano 105, 106
Percebendo o mundo 107, 108
Hábitos de higiene .... 109 a 111
Meio ambiente 112
Clima 113, 115
Dia e noite 114, 116
Animais .... 117 a 122
Plantas .... 123 a 128

Sociedade
Você 129, 130
Você e sua família 131, 132
Moradia .... 135 a 142
Escola .... 143 a 146
Meios de transporte .... 147 a 154
Meios de comunicação 155, 156

Datas comemorativas
Carnaval 157
Páscoa 159
Dia Nacional da Poesia 161
Dia Mundial da Água 162
Dia do Circo 163
Dia Nacional do Livro Infantil 164
Dia do Índio 165
Dia das Mães 167
Festas Juninas 169
Dia dos Pais 171
Dia do Folclore 173
Primavera 174
Natal 175

NOME: _____ DATA: _____

Cubra o tracejado para levar cada formiga até seu alimento.

Cubra o tracejado para levar cada abelhinha a sua flor.

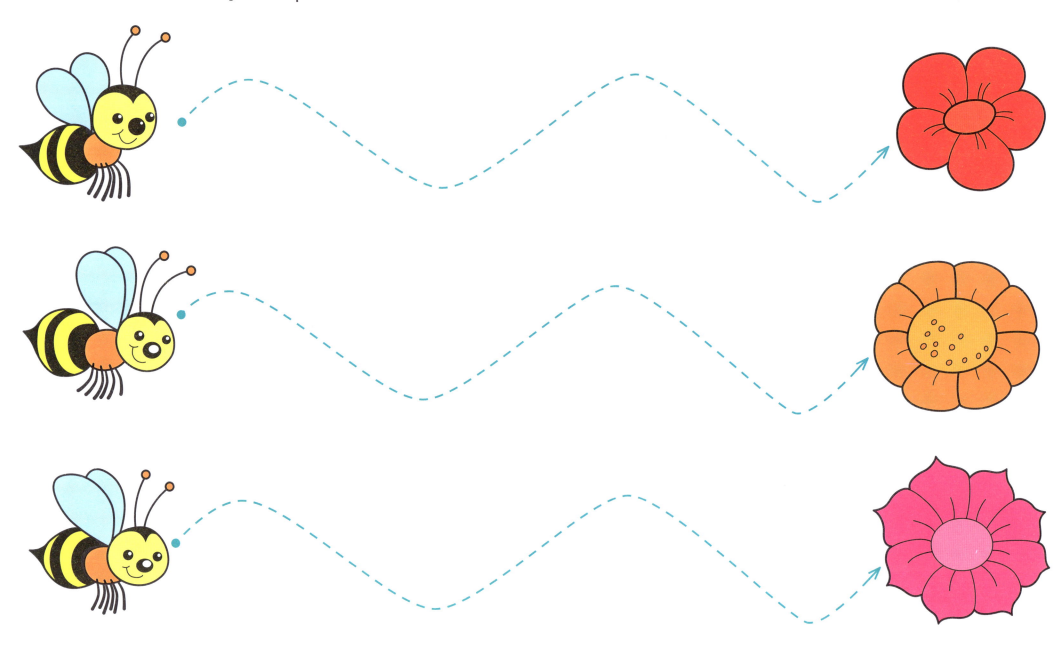

NOME: _____ DATA: _____

Cubra o tracejado da letra **A** e circule as letras **A** da palavra abaixo.

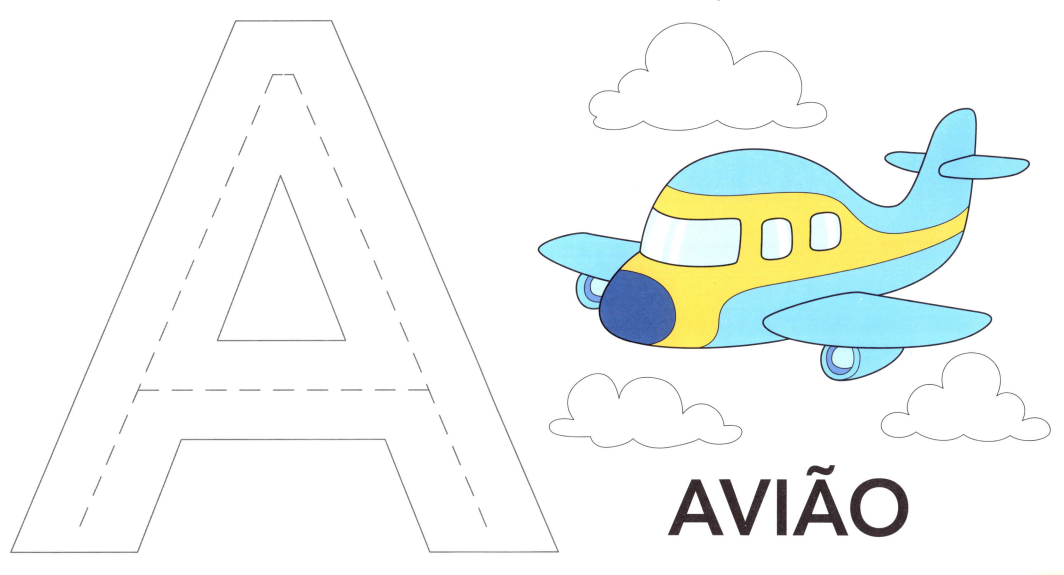

AVIÃO

Cubra o tracejado para completar o avião. Depois, pinte-o.

NOME: _____ DATA: _____

Cubra o tracejado da letra a e depois pinte-a com tinta **amarela**.

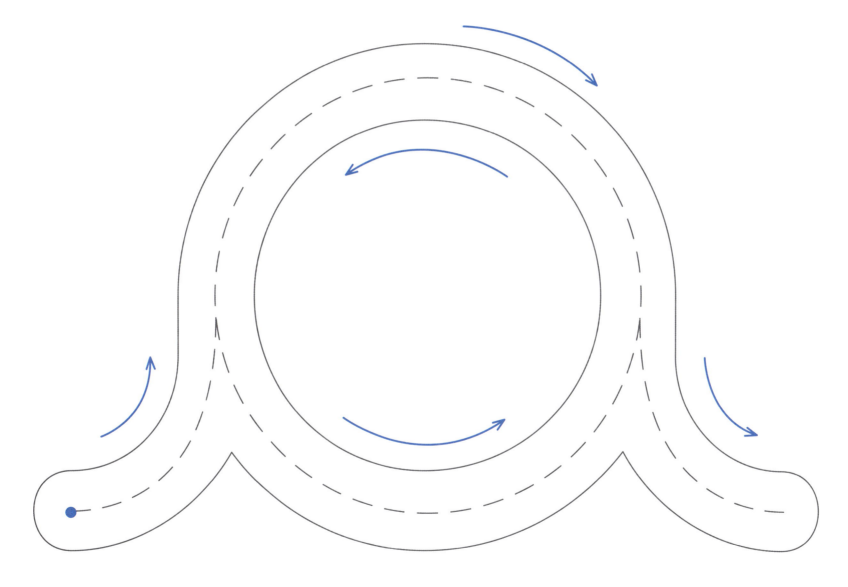

NOME: _____ DATA: _____

Aprendendo a recortar! Recorte os tracejados.

NOME: _____ DATA: _____

Cubra o tracejado da letra m.

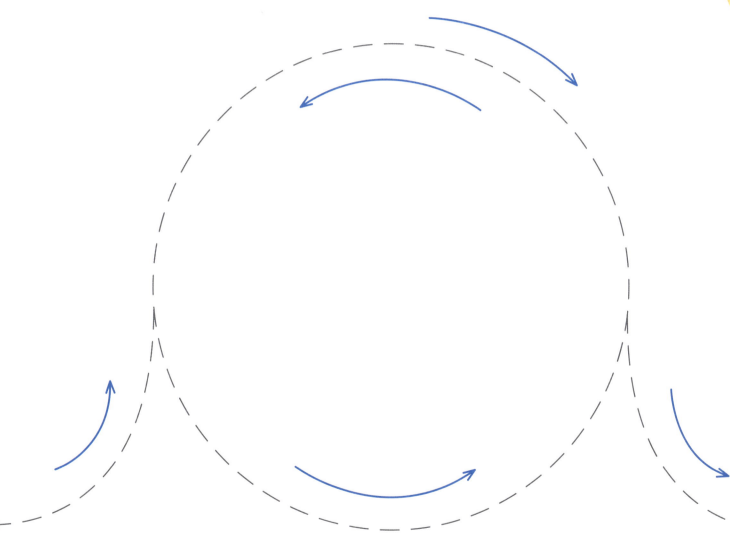

Vamos cantar

Canção sobre aviões

Eu vou num avião
Eu vou tentar
Achar um arco-íris
Tão brilhante
Eu vou num avião
Tocar as nuvens
Tão grandes, fofas
e brancas [...]

© El Bebe Productions Limited. "Marca educacional número 1 no YouTube." © Moonbug.

Continue escrevendo a letra a.

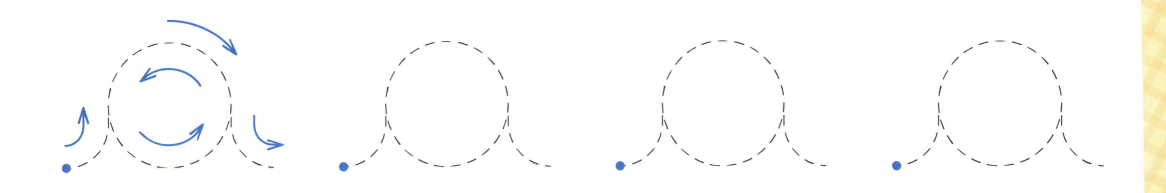

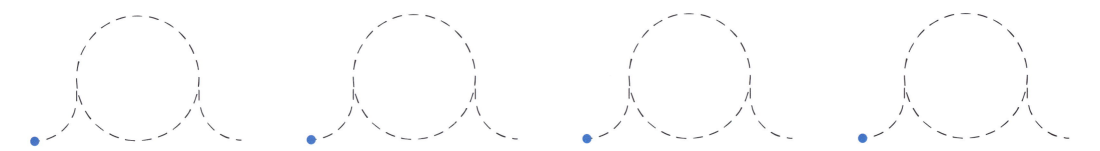

NOME: _____ DATA: _____

Você conhece estes rótulos? Ligue os rótulos iguais.

Ligue as peças que apresentam letras iguais.

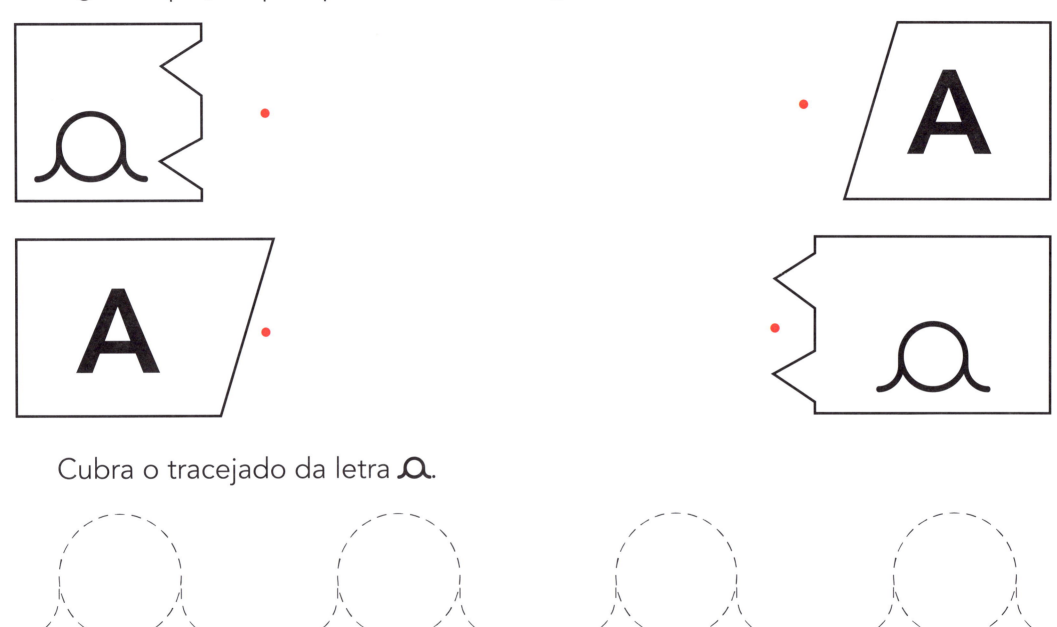

Cubra o tracejado da letra a.

NOME: _____ DATA: _____

Cubra o tracejado da letra **E** e circule as letras **E** da palavra abaixo.

ELEFANTE

Ligue as figuras iguais.

NOME: _____ DATA: _____

Cubra o tracejado da letra ℓ e depois pinte-a com tinta **vermelha**.

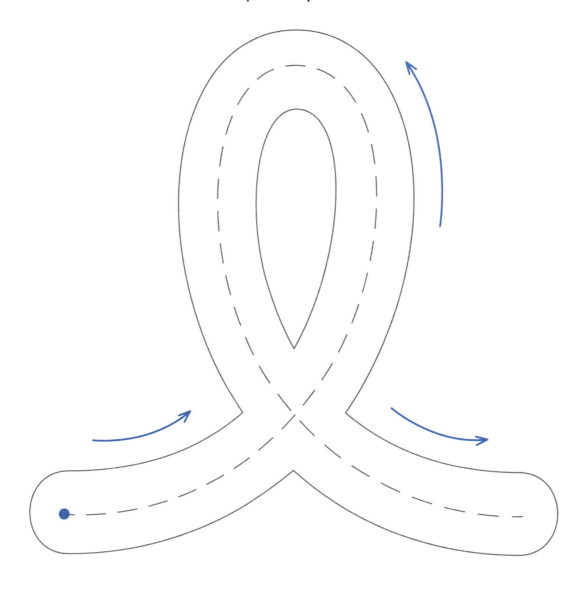

NOME: _____ DATA: _____

Cubra o tracejado da letra ℓ.

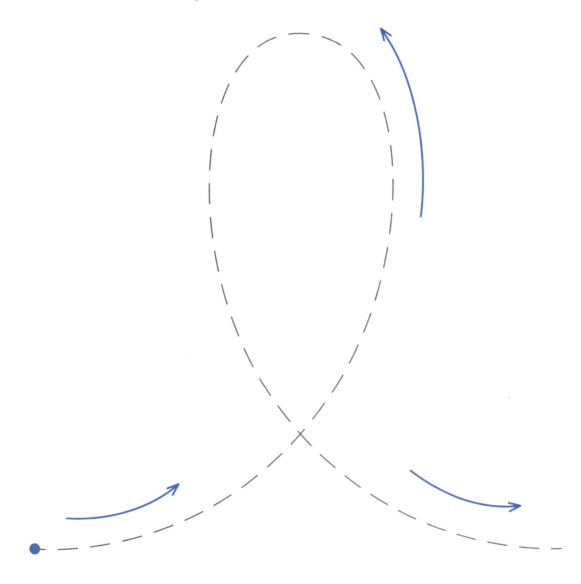

Um elefante

Um elefante incomoda muita gente
Dois elefantes incomodam, incomodam muito mais
Três elefantes incomodam muita gente
Quatro elefantes incomodam, incomodam, incomodam muito mais [...]

Cantiga.

Continue escrevendo a letra ℓ.

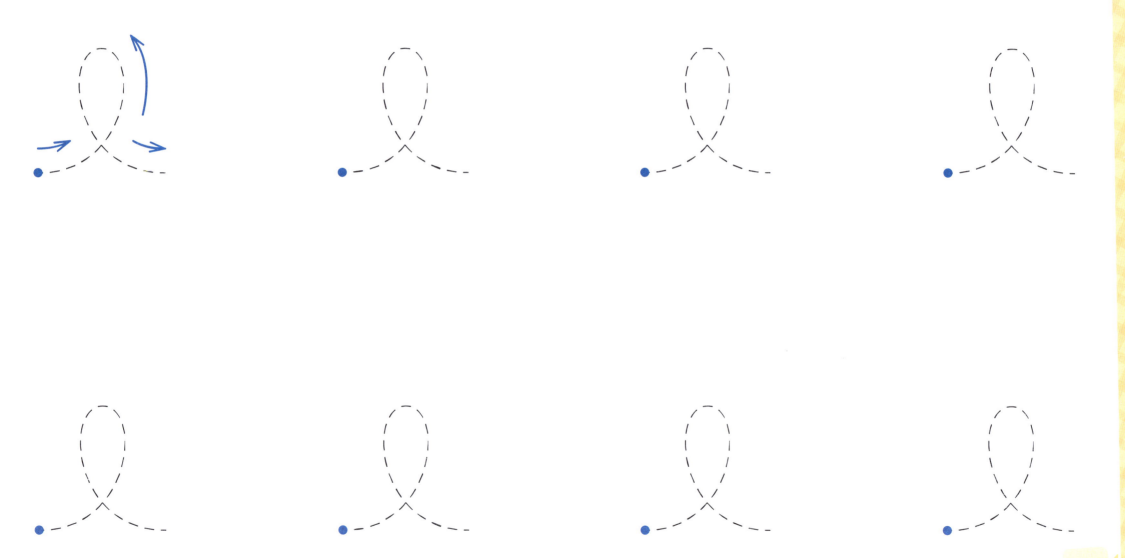

NOME: _____ DATA: _____

Cubra os tracejados para levar cada sapo até sua lagoa.

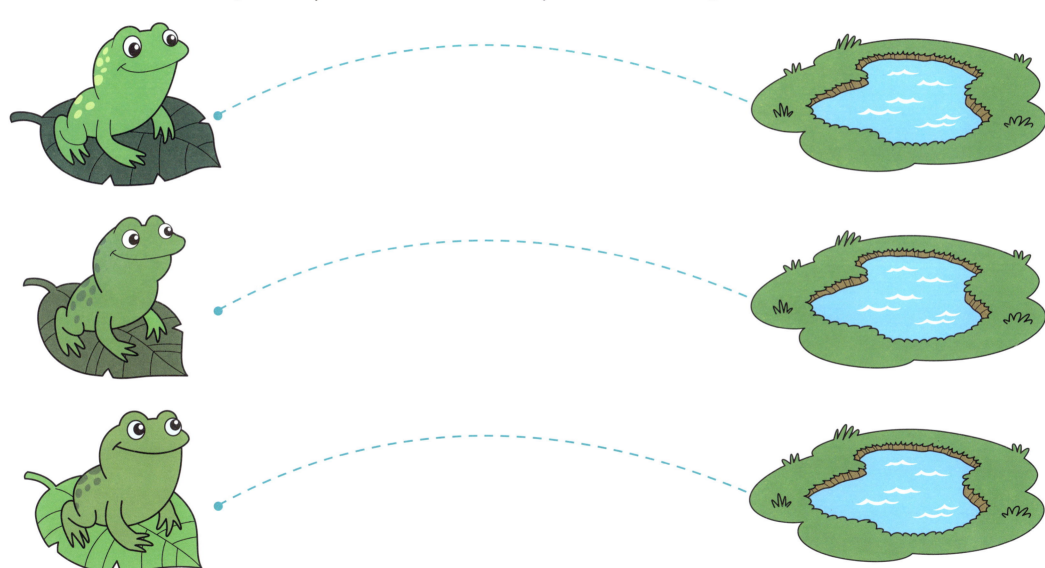

NOME: _____ DATA: _____

Ligue as peças que apresentam letras iguais.

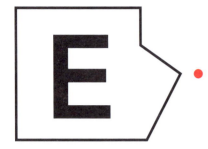 

Cubra o tracejado da letra ℓ.

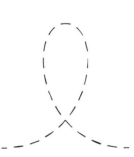 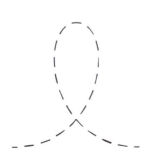 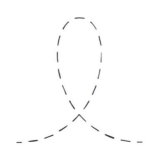 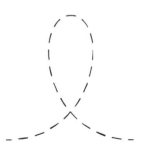

NOME: _____ DATA: _____

Aprendendo a recortar! Recorte os tracejados.

NOME: _____ DATA: _____

Cubra o tracejado da letra I e circule as letras I da palavra abaixo.

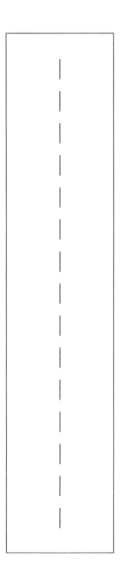

ÍNDIO

Pinte o sapo com giz de cera **verde**.

Vamos cantar

O sapo não lava o pé

O sapo não lava o pé.
Não lava porque não quer.
Ele mora lá na lagoa
Não lava o pé
Porque não quer.
Mas que chulé!

Cantiga.

NOME: _____ DATA: _____

Cubra o tracejado da letra **i** e depois pinte-a com tinta **azul**.

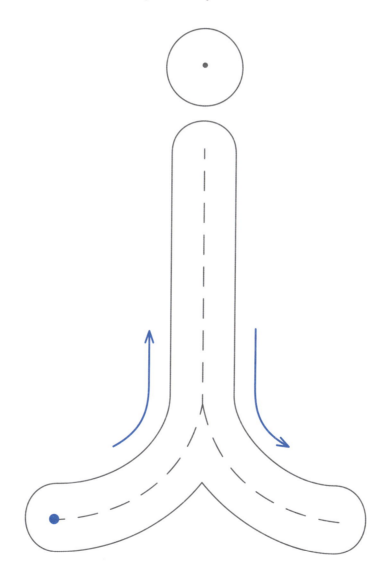

NOME: _____ DATA: _____

Cubra o tracejado da letra i e cante a música.

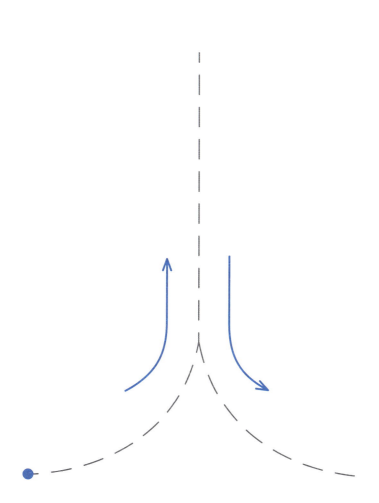

Índio beleza

Eu sou um índio,
tudo beleza?
Na natureza, vivo feliz,
Pinto o corpo, pinto o rosto
Até a ponta do nariz!
Eu sou um índio [...]

Letra: João Saraiva.
Música: Dani Abreu e João Saraiva.

Continue escrevendo a letra i.

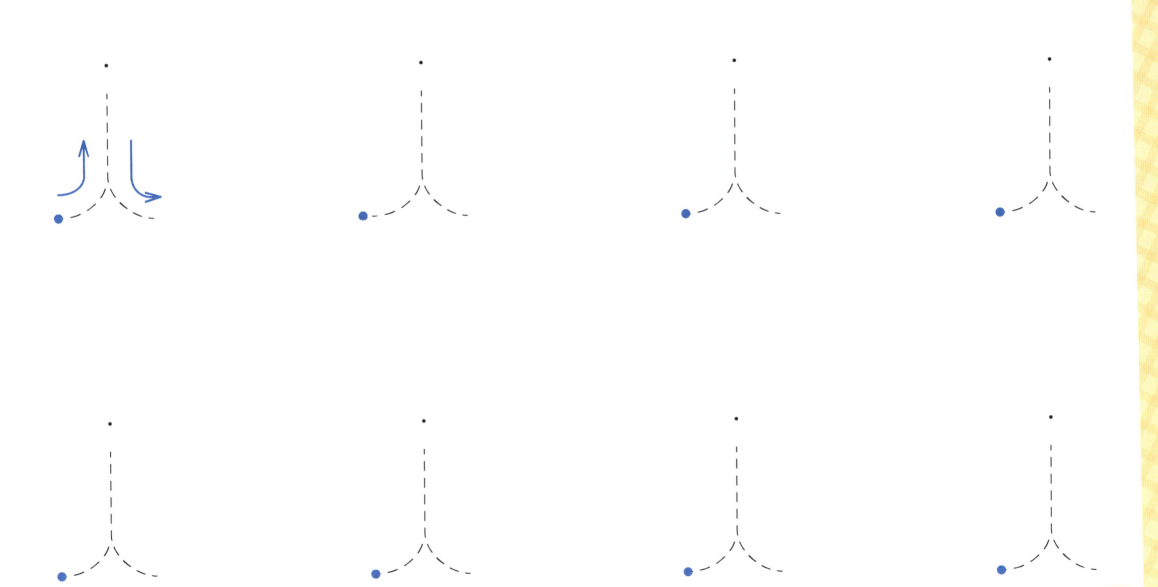

NOME: _____ DATA: _____

Aprendendo a recortar! Recorte os tracejados.

NOME: _____ DATA: _____

Pinte o caminho de **amarelo** para ajudar o coelhinho a encontrar mais cenouras.

Ligue as peças que apresentam letras iguais.

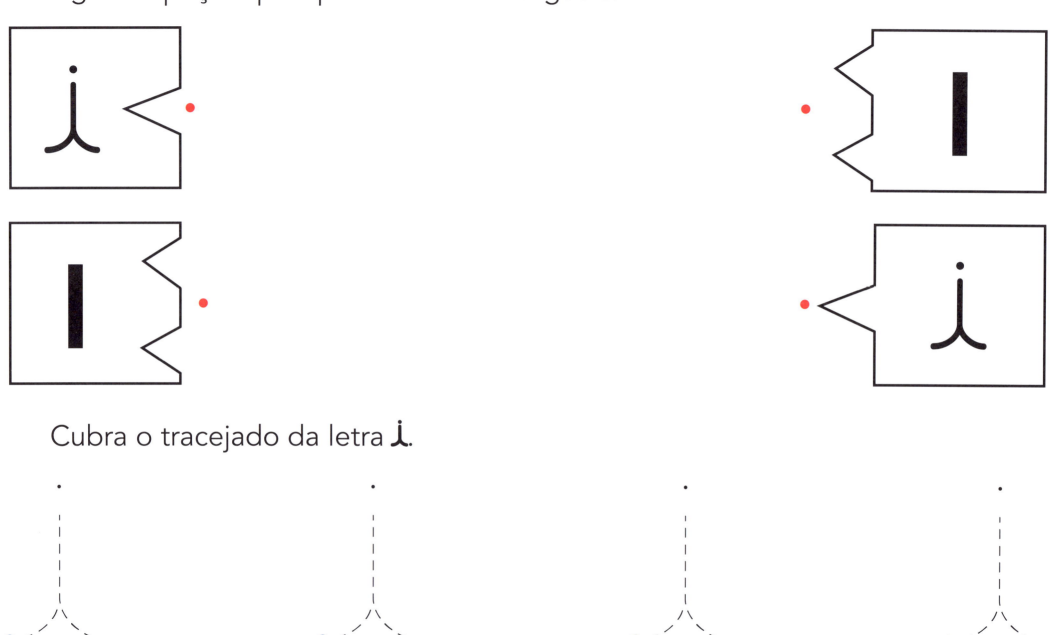

Cubra o tracejado da letra i.

NOME: _____ DATA: _____

Cubra o tracejado da letra **O** e circule as letras **O** da palavra abaixo.

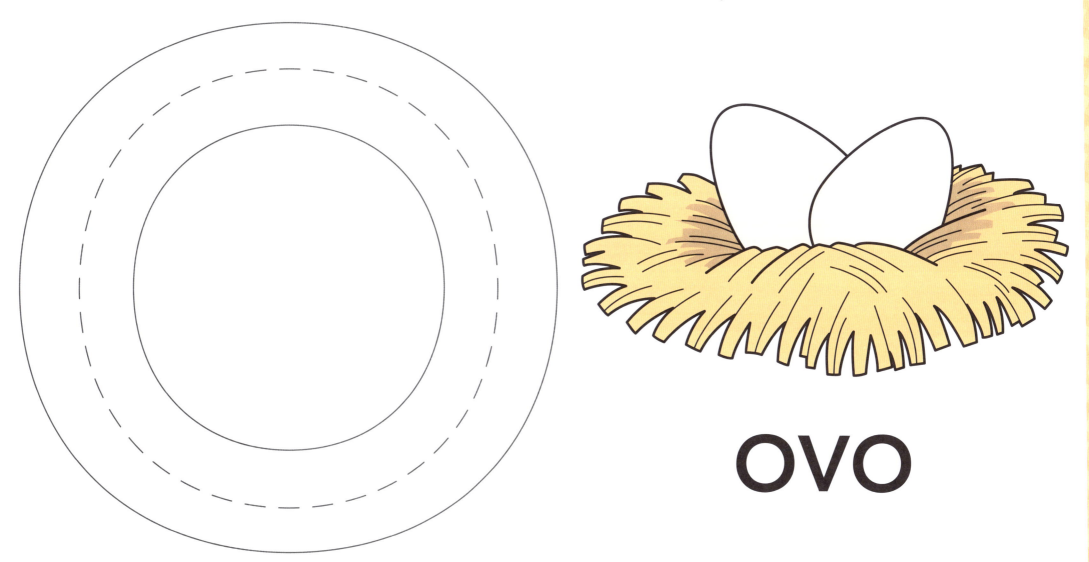

OVO

Leve cada pássaro a seu ninho.

NOME: _____ DATA: _____

Cubra o tracejado da letra **e** e depois pinte-a com tinta **verde**.

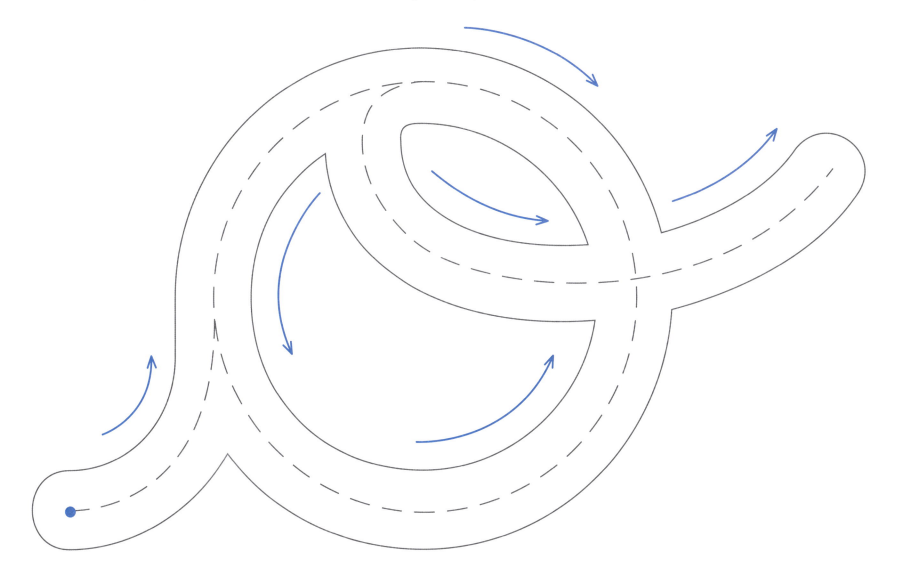

NOME: _____ DATA: _____

Cubra o tracejado da letra ℴ.

Vamos adivinhar

O que é, o que é?
Que só pode ser usado
Depois de quebrado.

Adivinha.

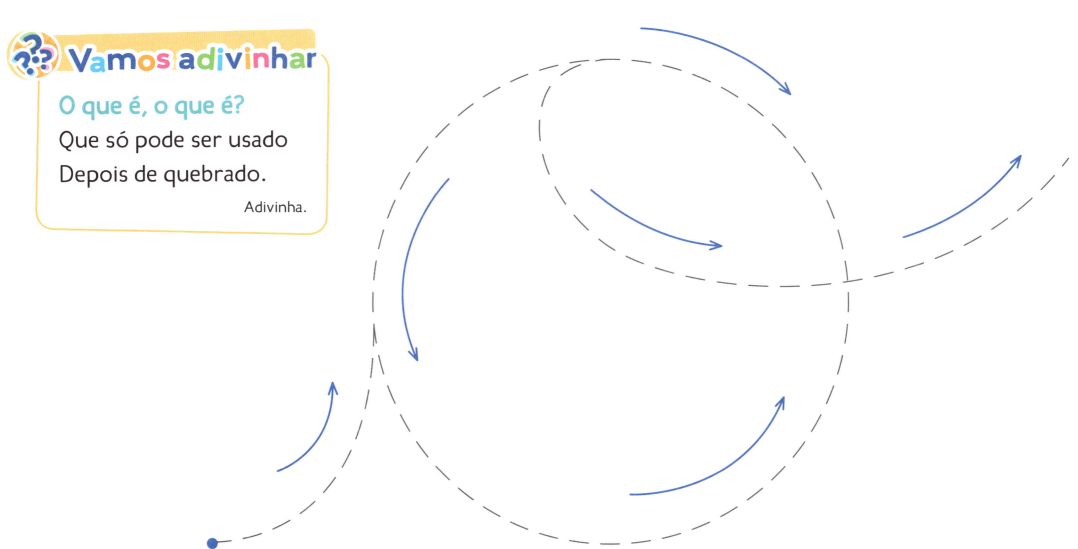

43

Continue escrevendo a letra o.

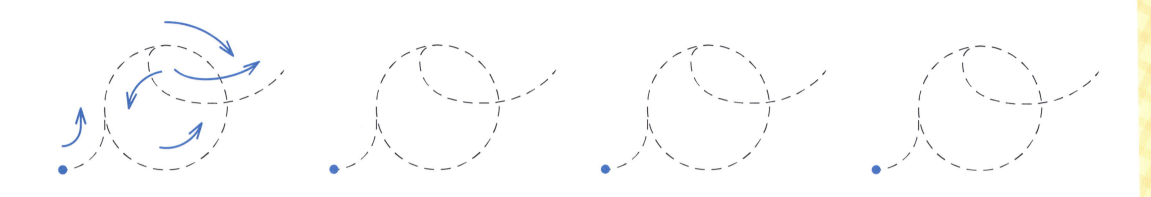

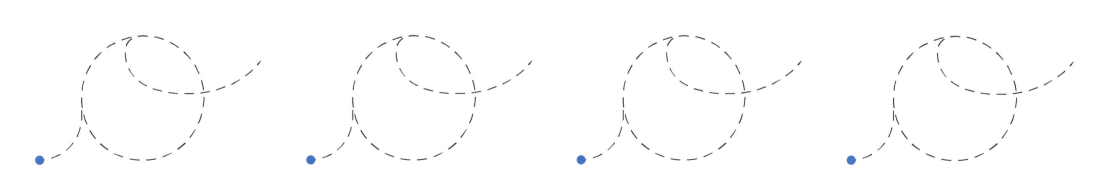

NOME: _____ DATA: _____

Ligue os animais iguais e pinte-os com a mesma cor.

Ligue as peças que apresentam letras iguais.

Cubra o tracejado da letra o.

NOME: _____ DATA: _____

Cubra o tracejado da letra **U** e circule a letra **U** da palavra abaixo.

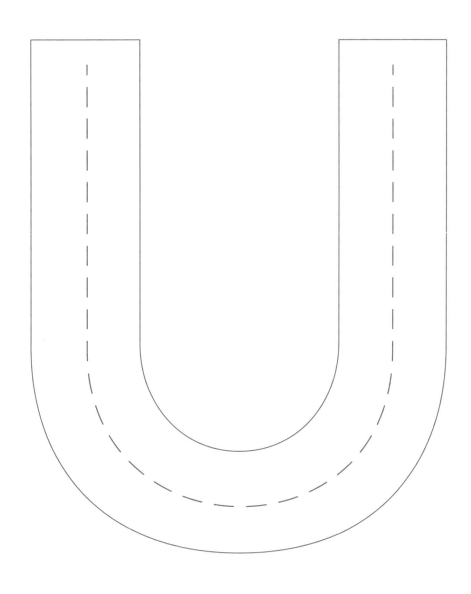

UVA

Observe a sombra em destaque e pinte a fruta correspondente.

Cubra o tracejado da letra u e depois pinte-a com tinta **verde**.

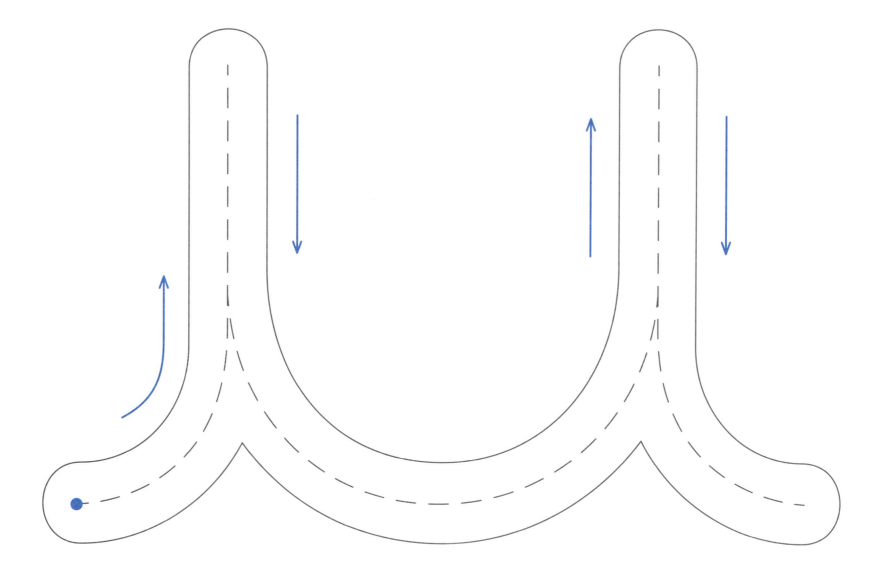

NOME: _____ DATA: _____

Cubra o tracejado da letra u.

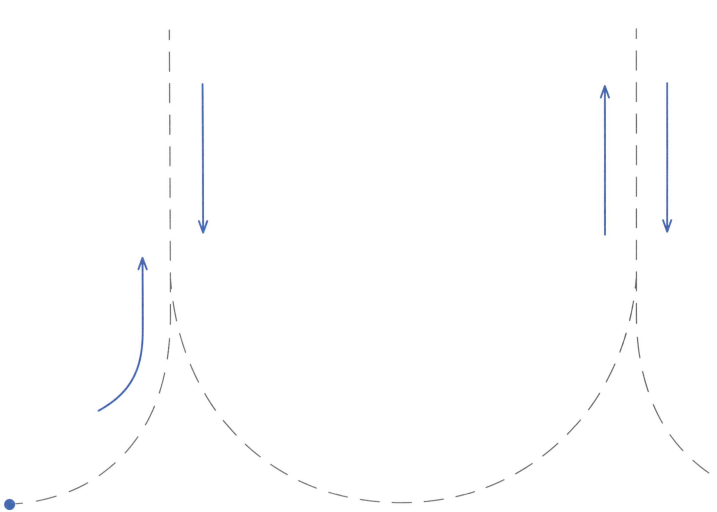

Vamos cantar

UUUU uva

Forma redonda e oval
Uva doce, uva amarga
Caindo como uma cortina
[...]

Canções infantis em português. **ChuChu TV Brazil**. Disponível em: www.youtube.com/watch?v=LoeZrCfKXF0. Acesso em: abr. 2019.

Continue escrevendo a letra u.

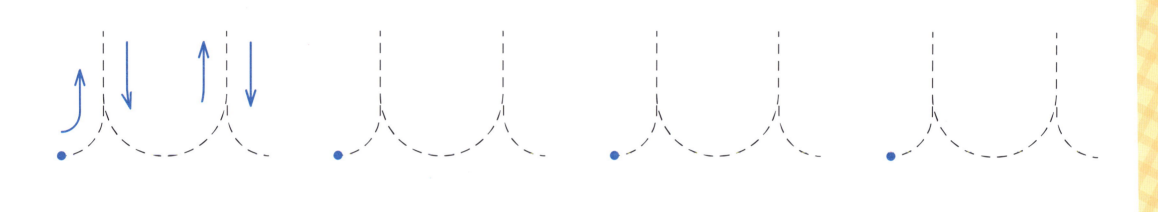

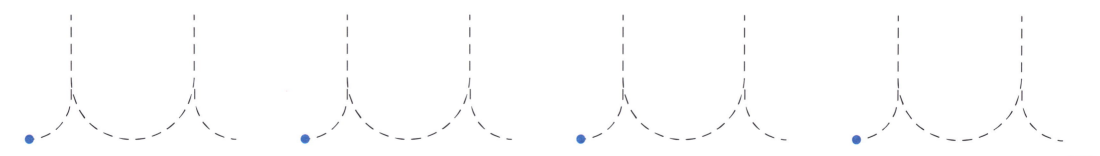

NOME: _____ DATA: _____

Ligue as palavras iguais. Use uma cor para cada palavra.

OVO •   • ÍNDIO

AVIÃO •   • UVA

UVA •   • ELEFANTE

ÍNDIO •   • OVO

ELEFANTE •   • AVIÃO

Ligue as peças que apresentam letras iguais.

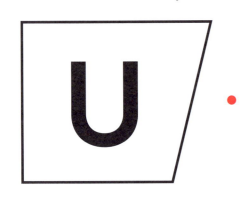 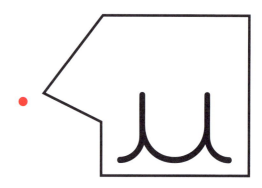

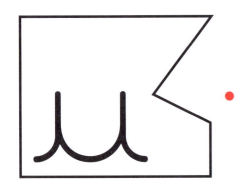 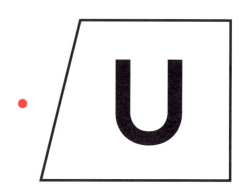

Cubra o tracejado da letra ᴜ.

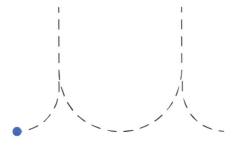 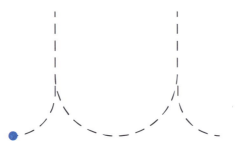 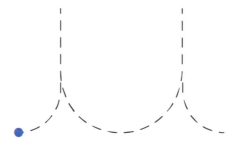 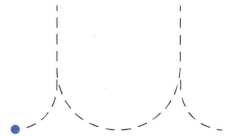

NOME: _____ DATA: _____

Conte quantos chocalhos há e cubra o tracejado do número 1.

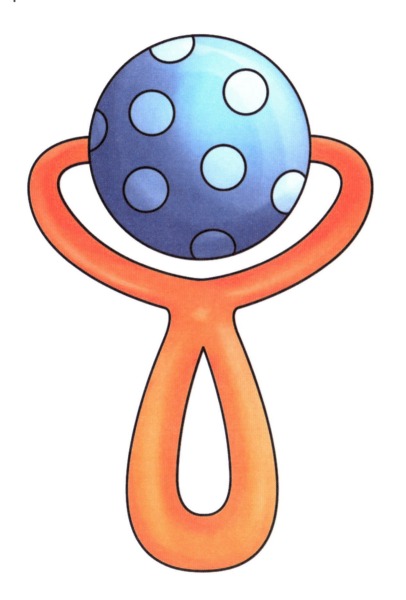

Cubra o tracejado para formar o círculo. Depois, picote papel **vermelho** e cole-o no círculo.

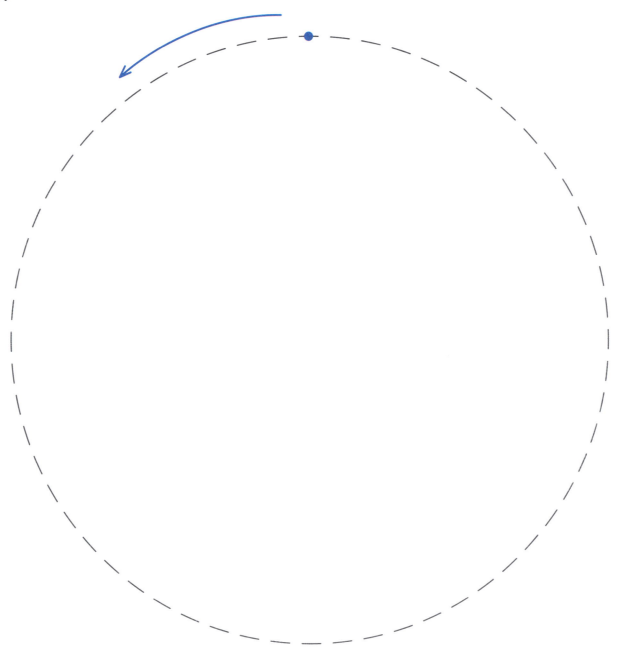

NOME: _____   DATA: _____

Continue pintando o número 1 com giz de cera **vermelho**. Depois, pinte a maçã.

Cubra os tracejados para formar triângulos. Depois, pinte-os.

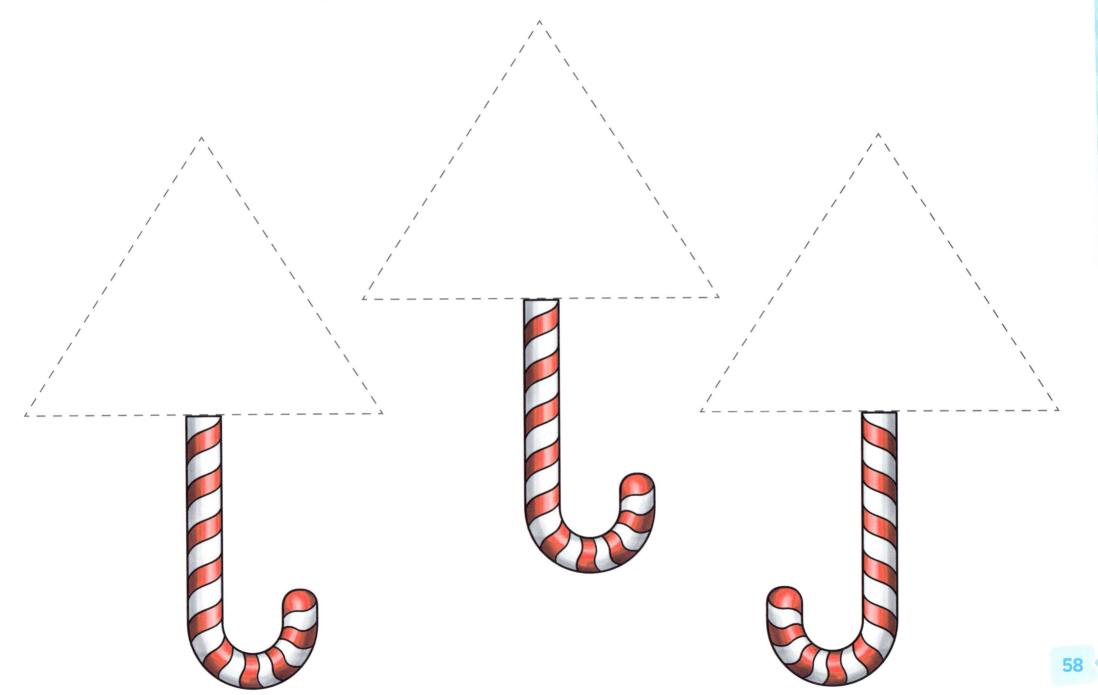

NOME: _____   DATA: _____

Cubra o tracejado do número 1 e desenhe 1 bola.

Cole pedacinhos de EVA na panela que está cheia e pinte a panela que está vazia.

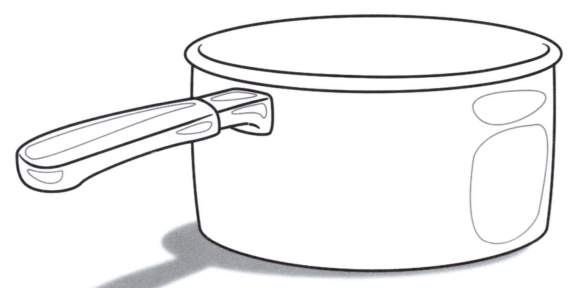

Meio-dia,
Macaco assobia,
Panela no fogo,
Barriga vazia.

Parlenda.

NOME: _____ DATA: _____

Conte quantos cavalinhos há e cubra o tracejado do número 2.

Cubra o tracejado para formar o triângulo. Depois, pinte-o com tinta guache **amarela**.

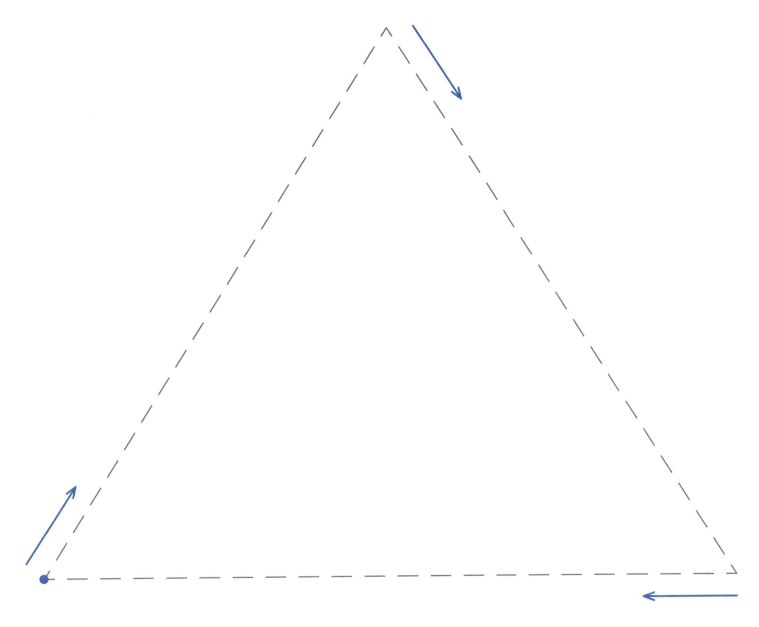

NOME: _____ DATA: _____

Continue pintando o número 2 com giz de cera **amarelo**. Depois, conte as bananas e pinte-as.

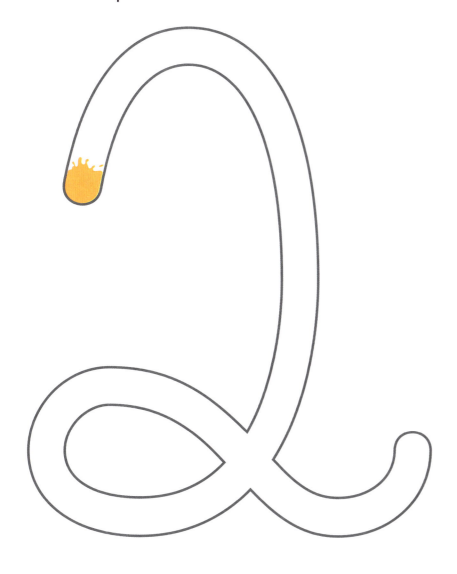

Pinte o pirulito maior e circule o pirulito menor.

 **Vamos cantar**

Pirulito que bate, bate
Pirulito que já bateu
Quem gosta de mim é ela
Quem gosta dela sou eu.

Cantiga.

NOME: _____ DATA: _____

Cubra os tracejados para formar círculos. Depois, pinte-os com sua cor preferida.

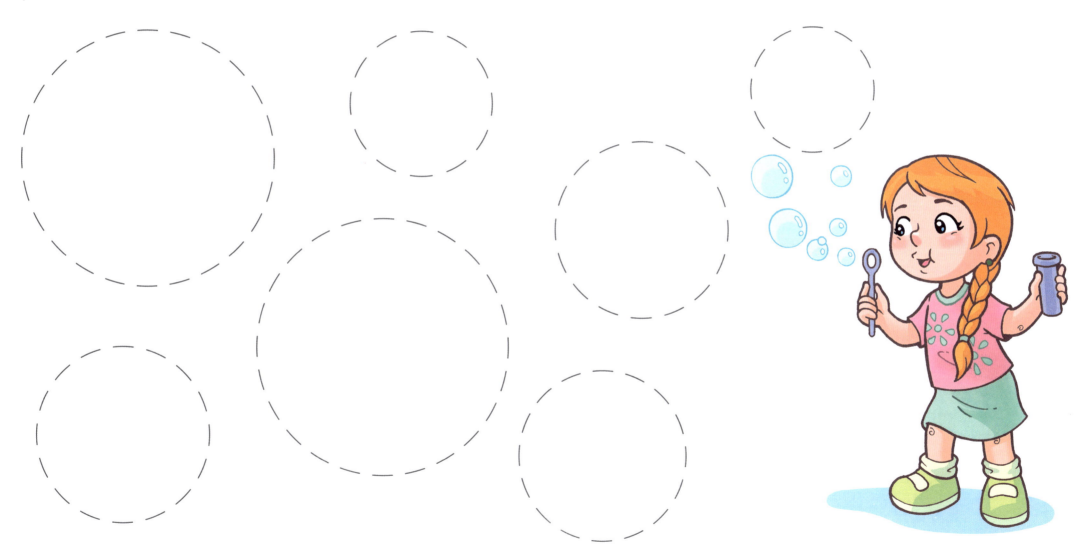

Cole papel **amarelo** no gato que tem rabo comprido e circule o gato que tem rabo curto.

NOME: _____ DATA: _____

Cubra o tracejado do número 2 e desenhe 2 bolas.

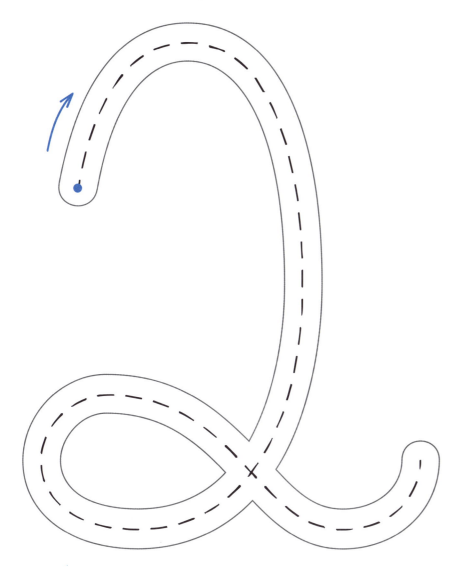

Conte as frutas e ligue-as ao número correspondente.

NOME: _____ DATA: _____

Conte quantos patinhos há e cubra o tracejado do número 3.

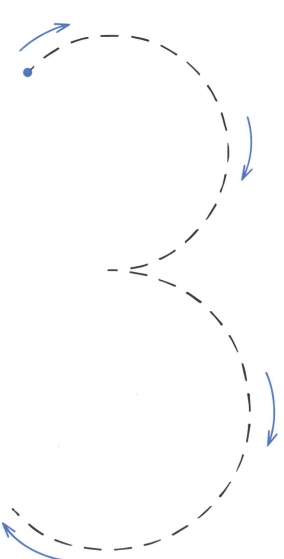

Cubra o tracejado para formar o quadrado. Depois, pinte-o com cola colorida **azul**.

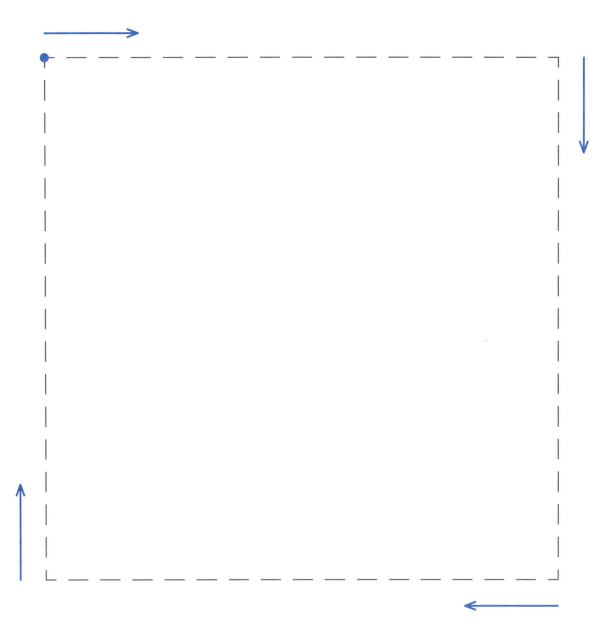

NOME: _____ DATA: _____

Continue pintando o número 3 com giz de cera **azul**. Depois, conte os morangos e pinte-os.

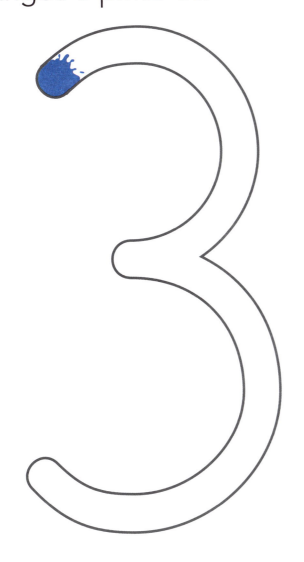

71

Circule de **vermelho** a criança que está dentro da caixa e faça um **X** na criança que está fora dela.

Vamos recitar

Tique, taque
Carambola
Esse dentro
Esse fora.

Parlenda.

NOME: _____ DATA: _____

Cubra o tracejado do número 3 e desenhe 3 bolas.

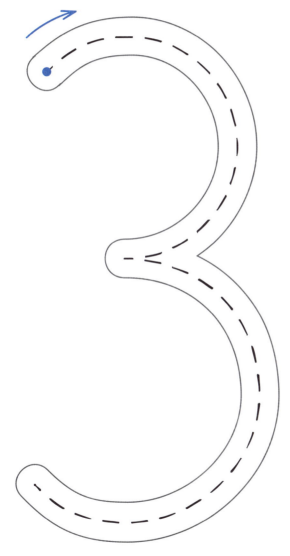

Cubra os tracejados para formar quadrados. Depois, pinte-os.

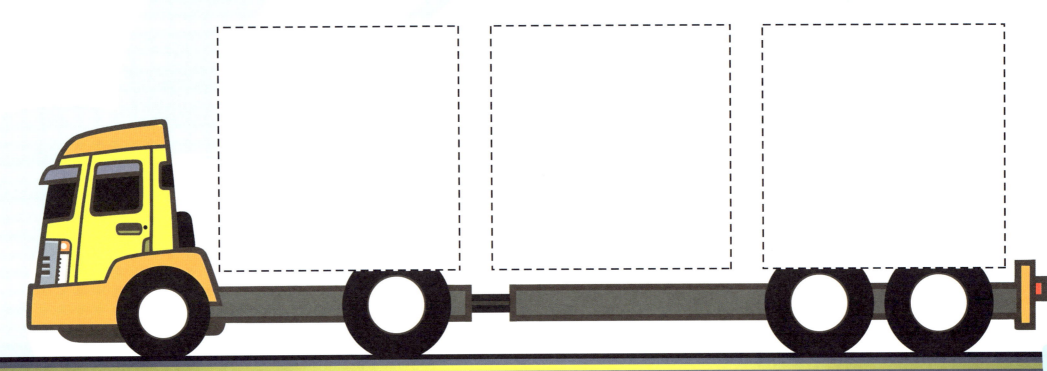

NOME: _____ DATA: _____

Ligue as figuras iguais.

Conte as frutas e ligue-as ao número correspondente.

NOME: _____ DATA: _____

Ligue as figuras iguais.

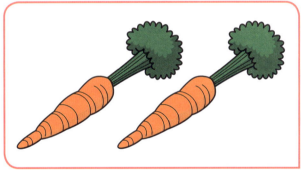
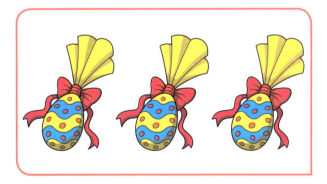

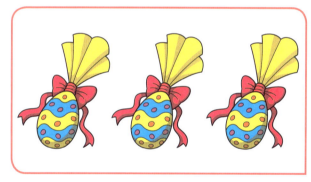

Cole papel picado **branco** na pombinha que está voando mais alto e faça um **/** na que está voando mais baixo.

NOME: _____ DATA: _____

Conte quantos bonequinhos há e cubra o tracejado do número 4.

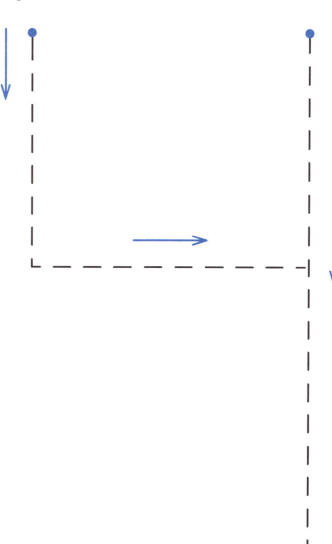

79

Uma mistura, uma nova cor! Com o dedo indicador, misture tinta guache **azul** e **amarela** na página e veja uma nova cor surgir.

NOME: _____ DATA: _____

Continue pintando o número 4 com giz de cera **verde**. Depois, conte as peras e pinte-as.

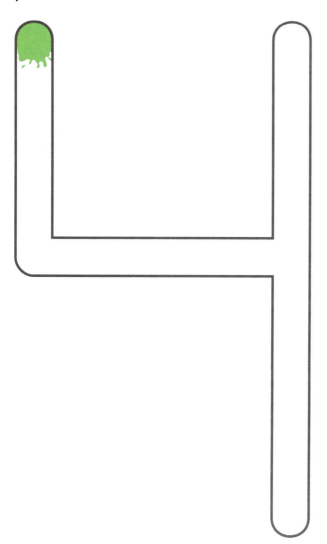
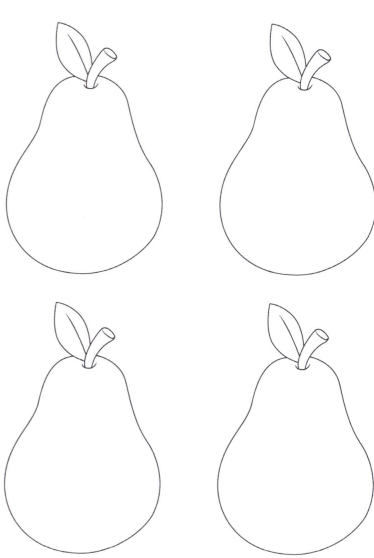

Circule de **verde** a primeira criança da fila e faça um **/** na última criança da fila.

Piuí, piuí, piuí,
Coloca a mão no meu ombro.
Piuí, piuí, piuí,
Não deixe o trem descarrilhar.

Eu sou a máquina
E vocês são os vagões
E os passageiros
São os nossos corações.

Cantiga.

NOME: _____ DATA: _____

Cubra o tracejado do número 4 e desenhe 4 bolas.

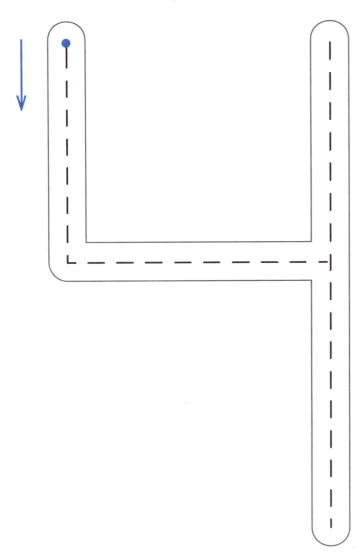

NOME: _____ DATA: _____

Conte as frutas e ligue-as ao número correspondente.

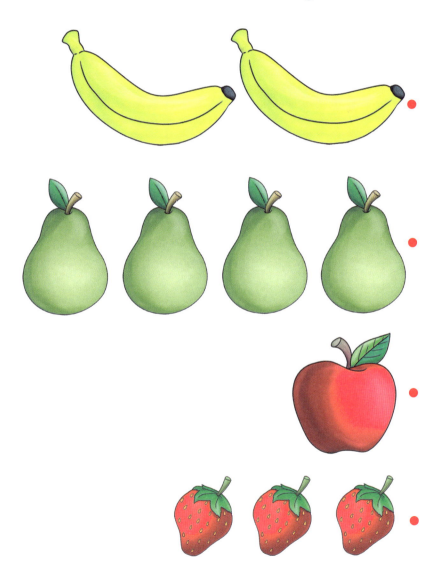 

NOME: _____ DATA: _____

Ligue cada brinquedo a sua sombra.

Pinte, com cola colorida **marrom**, o tronco grosso e faça um **X** no tronco fino. Depois, pinte a copa das árvores com cola colorida **verde**.

Vamos cantar

O coqueiro é muito alto
E começa a balançar
Tira coco, macaquinho,
E vai jogando sem parar.

Cantiga.

NOME: _____ DATA: _____

Recorte os caminhos nas linhas tracejadas e cole-os na página 89.

NOME: _____ DATA: _____

Cole o caminho largo para a lebre correr, e o caminho estreito para a tartaruga.

Conte quantos dados há e cubra o tracejado do número 5.

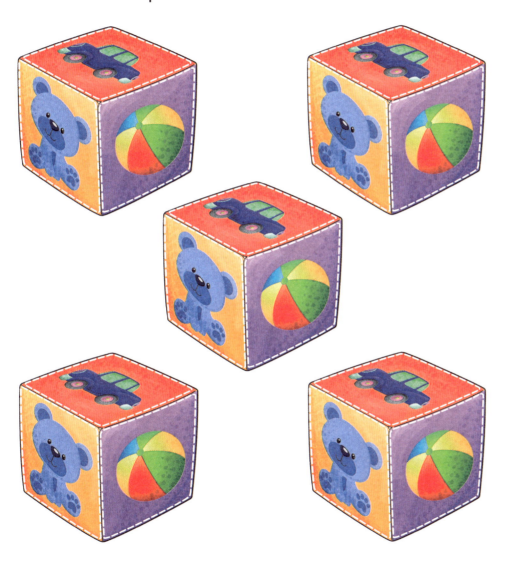
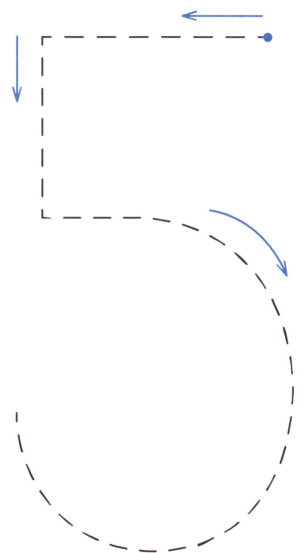

Com o dedo indicador, misture tinta guache **amarela** e **vermelha** na página e veja uma nova cor surgir.

NOME: _____   DATA: _____

Continue pintando o número 5 com giz de cera **laranja**. Depois, conte as laranjas e pinte-as.

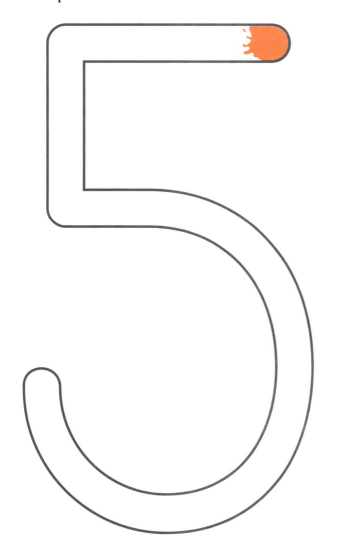

Circule o copo que está em cima do piano e pinte o copo que está embaixo dele.

Vamos recitar

Lá em cima do piano
Tem um copo de veneno
Quem bebeu, morreu
O culpado não fui eu.

Parlenda.

NOME: _____   DATA: _____

Cubra o tracejado do número 5 e desenhe 5 bolas.

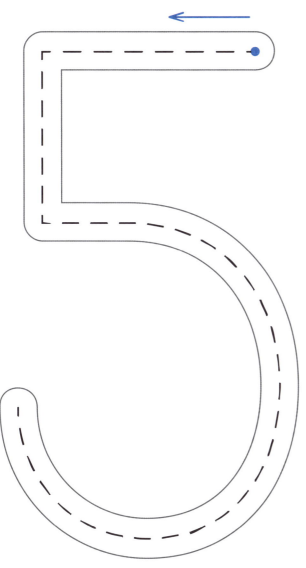

Ligue as figuras iguais.

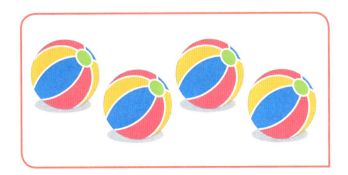

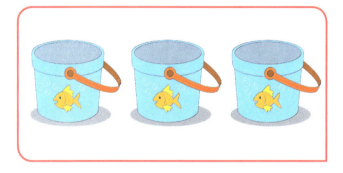
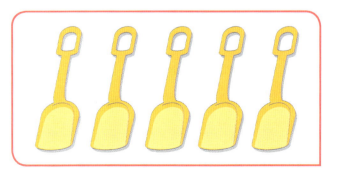

NOME: _____ DATA: _____

Recorte as cenas nas linhas tracejadas e cole-as na página 99.

NOME: _____ DATA: _____

Cole as cenas recortadas da página 97 na ordem dos acontecimentos.

Aconteceu primeiro

Aconteceu depois

99

NOME: _____ DATA: _____

Conte as frutas e ligue-as ao número correspondente.

Faça a correspondência.

 •   •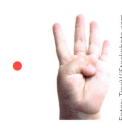

 •   •

 •   •

 •   •

 •   •

Fotos: TreeV/iStockphoto.com

NOME: _____ DATA: _____

Pinte a figura que mais se parece com você hoje.

Pinte o corpo que mais se parece com o seu.

Vamos cantar

Cabeça, ombro,
Joelho e pé,
Joelho e pé.

Cantiga.

NOME: _____ DATA: _____

Complete o rosto. Depois, pinte-o.

Vamos cantar

Olhos, orelhas,
Boca e nariz.
Cabeça, ombro,
Joelho e pé,
Joelho e pé.

Cantiga.

105

Passe tinta **amarela** na sola de seus pés e carimbe-os aqui!

**Vamos recitar**

Lé com lé

Cré com cré

Um sapato em cada pé.

Parlenda.

NOME: _____ DATA: _____

Percebemos o mundo com os órgãos dos sentidos. Faça a correspondência.

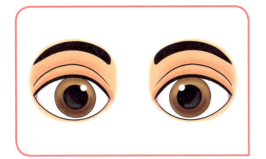 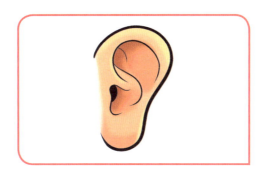 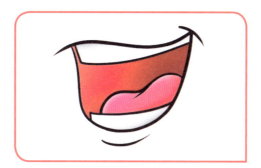 

Sabores.   Cheiros.   Cores.   Sons.

Cole nos quadros um pedaço de: lixa grossa; lixa fina; papel camurça ou algodão. Depois, feche os olhos, passe a mão nas texturas e conte aos colegas o que você percebeu.

É com a pele que reveste nosso corpo que percebemos as sensações.

Pinte o que você usa para fazer sua higiene.

Pinte os calçados que você usa para cuidar de sua higiene e não se machucar.

NOME: _____ DATA: _____

Faça um **/** nos objetos que são utilizados na higiene bucal.

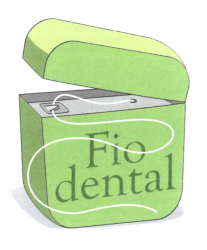 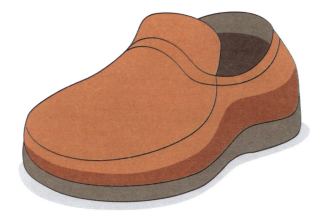 

Circule o objeto que é usado para fazer a higiene das unhas.

 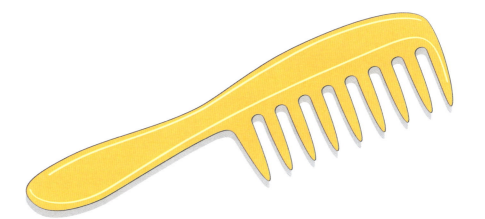

Circule como deve ficar a torneira enquanto você escova os dentes após as refeições.

NOME: _____ DATA: _____

O dia está ensolarado e quente! Pinte as roupas adequadas para vestir nesse dia.

É dia! Pinte o Sol com giz de cera.

NOME: _____ DATA: _____

O dia está chuvoso e frio. Circule as roupas e os objetos adequados para usar nesse dia.

É noite! Cole papel prateado picado na Lua e lantejoulas nas estrelas.

NOME: _____ DATA: _____

Pinte os animais.

Seu Lobato tinha um sítio, ia, ia, ô
E nesse sítio tinha uma vaquinha, ia, ia, ô
Era mu, mu, mu pra cá [...].

Cantiga.

117

Leve cada mãe a seu filhote.

NOME: _____ DATA: _____

Você tem um animal de estimação? Pinte a resposta.

 Sim.

 Não.

Se sua resposta foi **sim**, desenhe ou cole uma imagem de seu animal.

Se sua resposta foi **não**, desenhe um animal de estimação que você gostaria de ter.

Pinte de **vermelho** os animais que têm duas patas e de **amarelo** os que têm quatro patas.

NOME: _____ DATA: _____

Ligue cada animal ao alimento que ele pode fornecer aos seres humanos.

  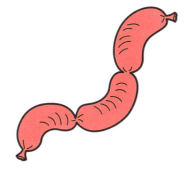 

Faça um **X** nos animais que vivem livres na natureza.

NOME: _____ DATA: _____

Circule as plantas.

Vamos cantar

De abóbora faz melão,
De melão faz melancia.

Faz doce, sinhá, faz doce, sinhá,
Faz doce de maracujá.

Cantiga.

Ligue as flores iguais. Depois, diga o nome das que, entre elas, você conhece.

NOME: _____ DATA: _____

Pinte as frutas de que você gosta.

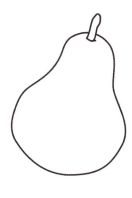

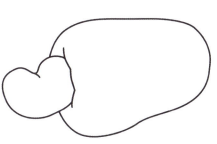

Vamos fazer uma deliciosa salada? Ligue ao prato os legumes e as verduras que você vai usar para fazê-la!

NOME: _____ DATA: _____

Pinte as folhas iguais com a mesma cor.

Observe a árvore e ligue-a a sua sombra.

NOME: _____ DATA: _____

Passe tinta **amarela** na palma de sua mão e carimbe-a aqui.

Dedo mindinho
Seu vizinho
Pai de todos
Fura-bolo
Mata-piolho.

Parlenda.

Cole abaixo uma fotografia sua.

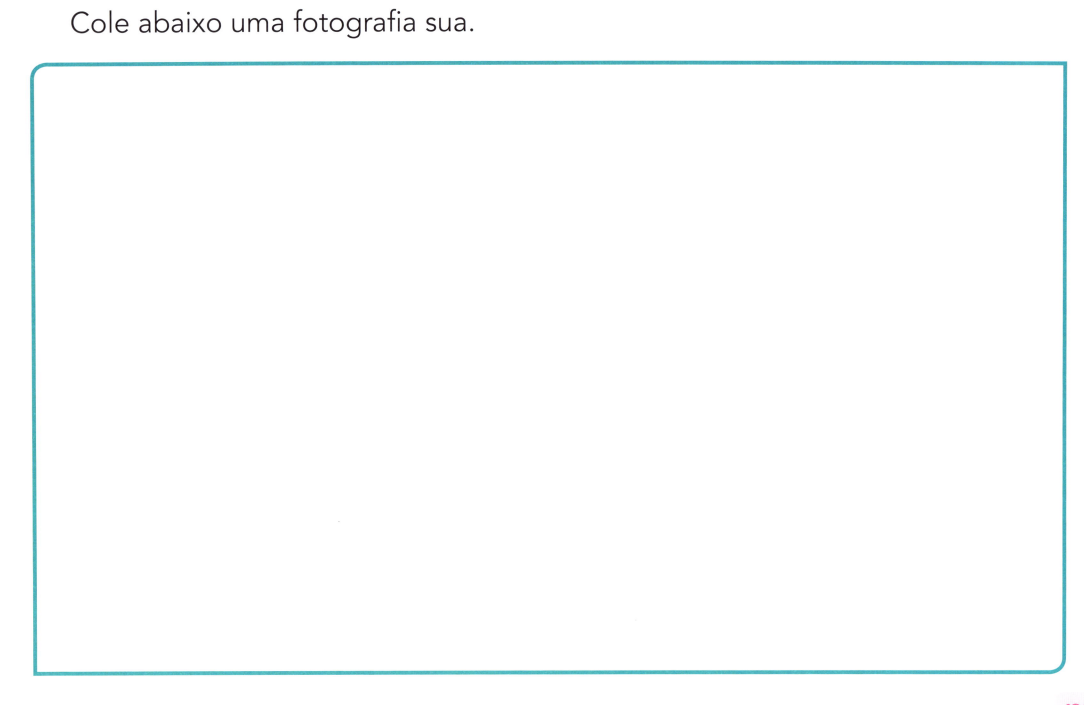

NOME: _____ DATA: _____

Nesta página e na página seguinte, circule as pessoas que moram com você.

Pai.　　　Mãe.　　　Irmão.　　Irmã.　　　　　　Avô.　　Avó.

Irmão.

NOME: _____ DATA: _____

Recorte as tiras de papel nas linhas tracejadas, pique-as e cole os pedaços na página 135.

NOME: _____ DATA: _____

Cole papel picado **marrom** no telhado da casa e **verde** nas paredes.

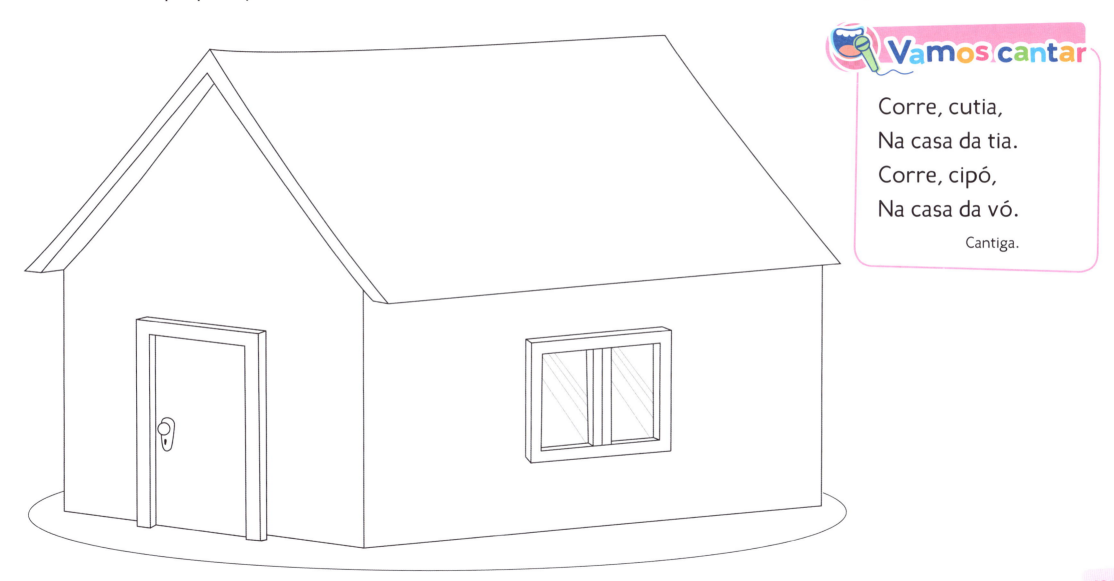

Vamos cantar

Corre, cutia,
Na casa da tia.
Corre, cipó,
Na casa da vó.

Cantiga.

NOME: _____ DATA: _____

Pinte a moradia que se parece com a sua.

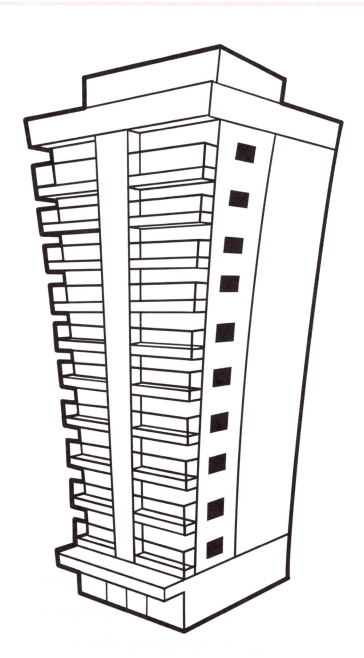

Faça um **X** no objeto que normalmente **não** fica na sala de uma moradia.

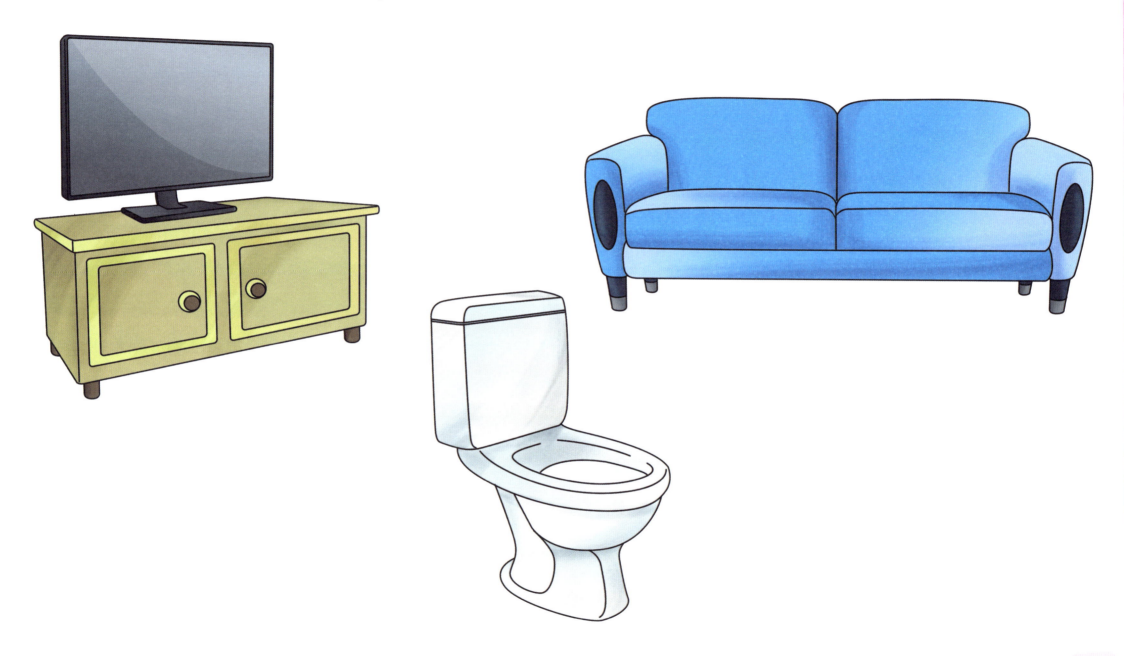

NOME: _____ DATA: _____

Ligue ao fogão os objetos que normalmente são usados para preparar os alimentos na cozinha. Depois, pinte-os.

Pinte o objeto que normalmente usamos para dormir no quarto.

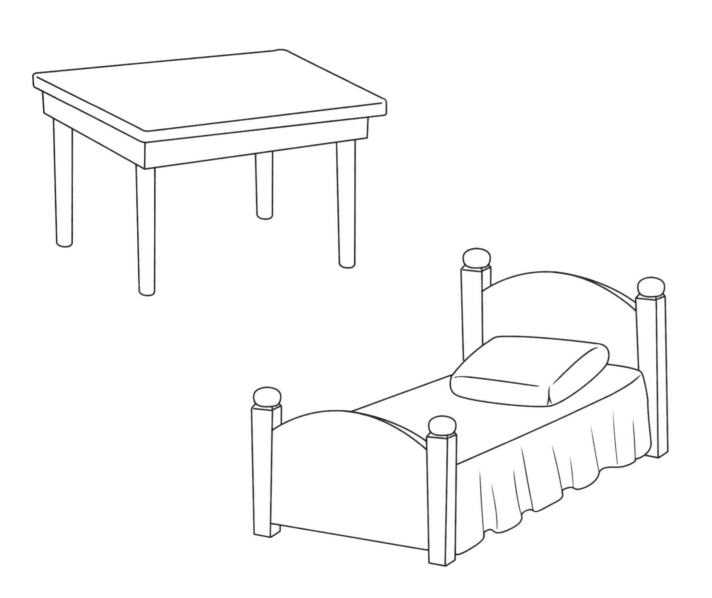

NOME: _____ DATA: _____

Faça um **X** na cena que representa o que **não** deve ser feito no banheiro.

141

Faça uma 🟢 no cômodo de sua moradia em que você mais gosta de ficar.

NOME: _____ DATA: _____

A escola que você frequenta é grande ou pequena? Pinte a escola que se parece com ela.

Circule os materiais que você utiliza na escola.

NOME: _____ DATA: _____

O que há na escola que você frequenta? Ligue os espaços até a escola para responder.

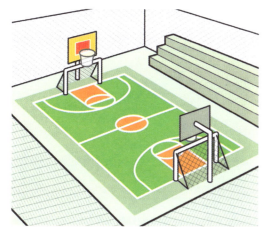

Quadra.

Parquinho.

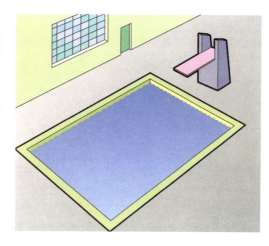

Piscina.

Biblioteca.

Faça um **X** na figura que representa como você vem para a escola.

NOME: _____ DATA: _____

Pinte os meios de transporte desta página e da página 148 e circule os que você já utilizou.

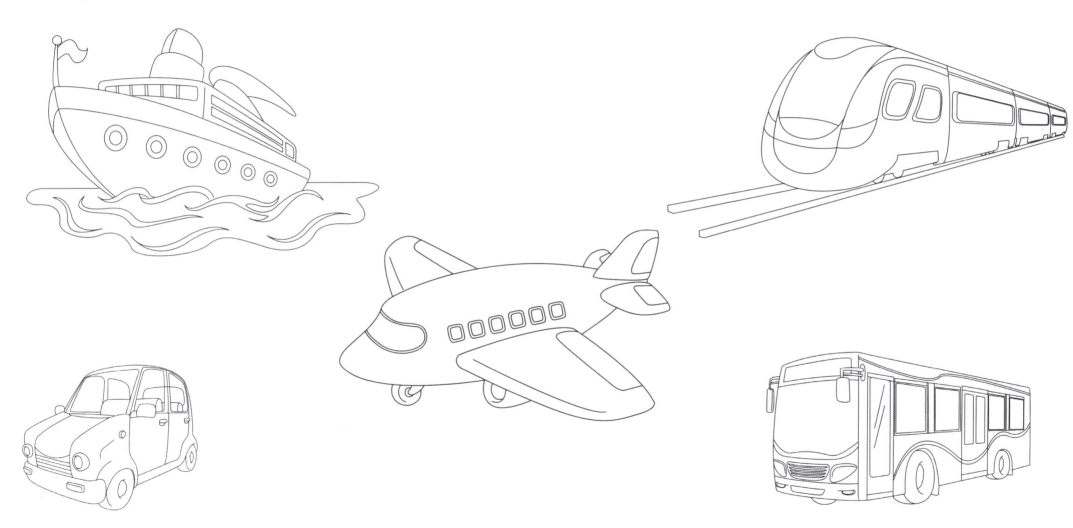

NOME: _____ DATA: _____

Recorte as figuras dos meios de transporte nas linhas tracejadas e cole-as nas páginas 151, 152 e 153.

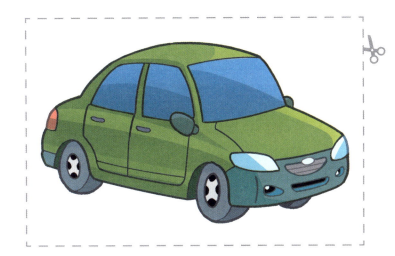

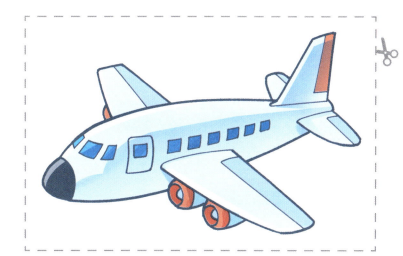

NOME: _____ DATA: _____

Cole abaixo o meio de transporte que se locomove no ar.

Cole abaixo o meio de transporte que se locomove na terra.

NOME: _____ DATA: _____

Cole abaixo o meio de transporte que se locomove na água.

NOME: _____ DATA: _____

Pinte o meio de comunicação em que podemos ver e ouvir notícias.

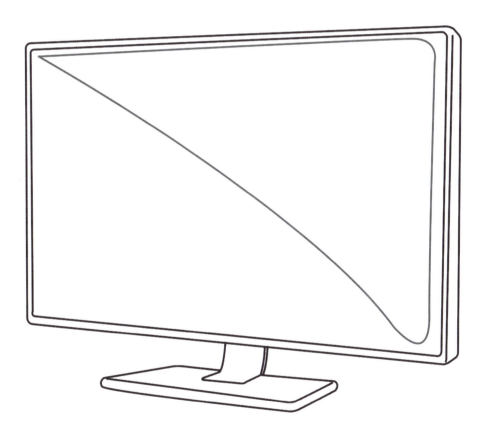

Faça um **X** nos objetos que **não** são meios de comunicação.

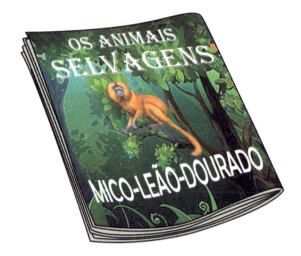 Revista.

 Urso.

 Telefone.

 Computador.

 Rádio.

 Bola.

NOME: _____ DATA: _____

Carnaval

Escolha sua máscara para o baile de Carnaval, recorte-a e decore-a.

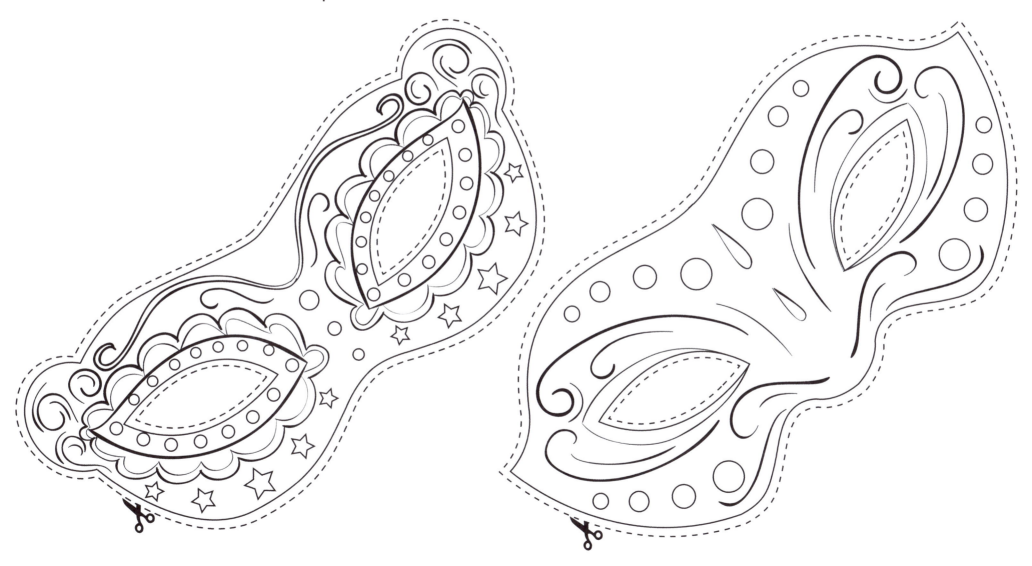

NOME: _____ DATA: _____

Páscoa

Decore os ovos de Páscoa com lantejoulas e cola colorida.

NOME: _____ DATA: _____

Dia Nacional da Poesia – 14 de março

Recite a quadrinha e pinte o desenho.

Vamos recitar

Batatinha quando nasce
Espalha a rama pelo chão.
Menininha quando dorme
Põe a mão no coração!

Quadrinha.

NOME: _____ DATA: _____

Dia Mundial da Água – 22 de março

Pinte as gotinhas de água com cola colorida. Água é vida!

162

Dia do Circo – 27 de março

Ligue os palhaços iguais.

Dia Nacional do Livro Infantil – 18 de abril

Estes são personagens de livros infantis. Circule os que você conhece.

NOME: _____ DATA: _____

Dia do Índio – 19 de abril

Cole papel crepom **marrom** picado na oca.

NOME: _____ DATA: _____

Dia das Mães – 2º domingo de maio

Pinte o beijo do cartão com canetinha hidrocor **vermelha**. Depois, recorte o cartão nas linhas tracejadas, dobre-o e entregue-o a sua mamãe ou à pessoa que cuida de você.

Mamãe, um

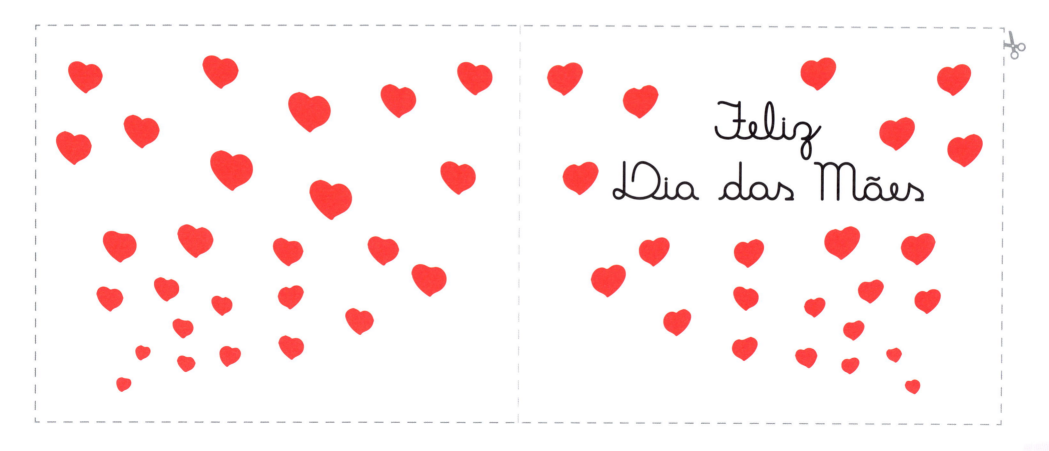

Festas Juninas

Decore a fogueira de São João.

NOME: _____ DATA: _____

Dia dos Pais – 2º domingo de agosto

Complete o certificado do papai, recorte-o e entregue-o a seu papai ou à pessoa que cuida de você.

Certificado Papai Amigo

Certifico, papai, que você é meu melhor amigo.

Eu amo você!

Feliz Dia dos Pais!

_____
DATA

IMPRESSÃO DIGITAL

NOME: _____ DATA: _____

Dia do Folclore – 22 de agosto

Pinte o gorro do Saci-Pererê de **vermelho**.

NOME: _____ DATA: _____

Primavera

Pinte o jardim e circule as borboletas.

NOME: _____ DATA: _____

Natal – 25 de dezembro

Use cola colorida e lantejoulas para enfeitar a árvore de Natal.

Bate o sino,
Pequenino,
Sino de Belém [...].

Cantiga.